Hallo ihr Lieben,

Im Fernsehen schneiden sie immer wieder an, dass es einen Welttag/ Gedenktag gibt. Man staunt nicht schlecht darüber, was es nicht so alles gibt an solchen Tagen. Da gibt es den Tag der Schokolade und viele andere! Aber was sind Welttage und Gedenktage überhaupt und was bedeuten sie alle? Sind sie denn wirklich so wichtig und brauchen wir sie überhaupt alle? In diesem Ratgeber erfahrt ihr alles rund um das Thema Welttage und Gedenktage und was sie alle genau für eine Bedeutung haben. Nachdem ihr es gelesen habt, seid ihr viel schlauer als unsere momentane Regierung.

Am Ende des Buches gibt es noch ein kleines Rätsel!

Viel Spaß!

Eure erfahrene Familienberaterin

Die Welttage und Gedenktage

diese sollen an internationale Themen und aktuelle Weltprobleme erinnern. Der erste Welttag wurde am 31.Oktober 1947 von den Vereinten Nationen ausgerufen. Von der UN sowie deren Unterorganisationen gibt es mittlerweile mehr als 100 Welttage. Im Zeitalter der Globalisierung und dem Internet erfahren die weltweiten Gedenktage eine regelrechte Aufwertung. Sie werden neben der UN zunehmend auch von anderen Organisationen und selbst von der katholischen Kirche unterstützt. In der Tabelle seht ihr die Weltgedenktage, die jedes Jahr begangen werden.

Datum (2023 bis 2025)	Welttag / Gedenktag	Organisaton/ Land
01/27/23	Internationaler Tag des Gedenkens an die Holocaustopfer	Deutschland, Vereinte Nationen
02/13/23	Welttag des Radios	UNESCO
02/20/23	Welttag der sozialen Gerechtigkeit	UNESCO
29.02.23	Tag der seltenen Krankheiten	EURORDIS
03/03/23	Welttag des Höhrens	WHO
03/08/23	Internationaler Frauentag	Sozialistische internationale, Vereinte Nationen, Deutschland
04/02/23	Internationaler Kinderbuchtag	International Board on Book for young people, UN
04/02/23	Welt-Autismus-Tag	Vereinte Nationen

04/07/23	Weltgesundheitstag	WHO
04/22/23	Tag der Erde	UNESCO
04/23/23	Welttag des Buches	Stiftung lesen
05/03/23	Internationaler Tag der Pressefreiheit	UNESCO
05/20/23	Welt-Bienen-Tag	Slowenien
03/21/23	Welttag der Poesie	UNESCO
06/08/23	Welttag der Ozeane	Vereinte Nationen
06/20/23	Weltflüchtlingstag	Vereinte Nationen
09/26/23	Europäischer Tag der Sprachen	Europarat
10/24/23	Tag der Vereinten Nationen	Vereinte Nationen
10/27/23	Welttag des audiovisuellen Erbes	UNESCO
11/03/23	Weltmännertag	Andrologen aus Wien
11/19/23	Welttoilettentag	Vereinten Nationen
11/20/23	Kindertag (wurde verschoben auf den 1. Juni jeden Jahres und den 20. September)	Vereinte Nationen
11/21/23	Welttag des Fernsehens	Vereinten Nationen

In der nachfolgenden Tabelle erfahrt ihr, in welchem Jahr diese erfunden worden sind.

Welttag	Jahr der Einführung
Internationaler Tag des Gedenkens an die Holocaustopfer	1996 erfunden und ab 2005 jährlich
Welttag des Radios	Seit 2012
Welttag der sozialen Gerechtigkeit	Seit 2019
Tag der seltenen Krankheiten	Seit 2008
Welttag des Höhrens	2007 erfunden und ab 2015 jährlich
Internationaler Frauentag	Seit 1910
Welttag der Poesie	Seit 2000
Internationaler Kinderbuchtag	Seit 1967
Welt-Autismus-Tag	Seit 2017
Weltgesundheitstag	Seit 1954
Tag der Erde	Seit 1970
Welttag des Buches	Seit 1995
Internationaler Tag der Pressefreiheit	Seit 1993
Welt-Bienen-Tag	Seit 2018
Welttag der Ozeane	Seit 1992
Weltflüchtlingstag	Seit 2001
Europäischer Tag der Sprachen	Seit 2001

Tag der Vereinten Nationen	Seit 1948
Welttag des audiovisuellen Erbes	Seit 2005
Weltmännertag	Seit 2000
Welttoilettentag	Seit 2001
Kindertag (internationaler Kindertag)	Seit 1954
Welttag des Fernsehens	Seit 1997

Wie sind sie entstanden?

Mittlerweile hört man fast täglich von einem Welttag in den Medien. Sie befüllen zudem auch unsere Kalender. Daher stellt man sich immer wieder die Frage, wie sie überhaupt entstanden sind, wer es entscheidet, welche Idee oder Event dahinter stecken!

Das sind relativ neue Erfindungen. Angestrebt wurden sie von regelmäßigen Festen und Ritualen, wie zum Beispiel Weihnachten.

Die Geschichte beginnt im Jahre 1947, als die Vereinten Nationen am 24. Oktober einen Welttag der Information über die Entwicklungsfragen ausgerufen hatte, der unter internationaler Beobachtung stand. Sie wollten damit auf die globalen Ungerechtigkeiten aufmerksam machen und dazu aufrufen, Lösungen zu finden. In Deutschland machte der Naturschutzbund im Jahre 1971 den Anfang mit dieser Aktion, dem sogenannten „Vogel des Jahres". Diese Aktion bekam sehr viel Aufmerksamkeit. Solche Dinge rufen die Nachahmer auf das Spielfeld.

Seit den 1980er Jahren explodierten die Ausrufe solcher Welttage. Man findet derzeit kaum mehr einen Tag im

Kalender, der nicht als ein Welttag/ Gedenktag bezeichnet wurde. Seitdem setzten sich auch kuriose und sehr viele andere Welttage in den Kalendern fest. Dazu gehören:

- Tag der Minzschokolade (19.02.)

- Tag der Schwertschlucker (23.02.)

- Weltlachtag (01.05.)

- Weltschildkrötentag (23.05.)

- internationaler Inkontinenztag (30.06.)

es sind aber nur einige Beispiele, die am Ende dieses Buches beschrieben sind, welche Bedeutung sie konkret haben.

<u>Wer bestimmt darüber?</u>

Es gibt keine festen Institutionen, die bestimmen, welches regelmäßige Ereignis oder welche Idee diesen Status erhält. Daher versuchen unzählige Organisationen, Institutionen, Interessengruppen, PR-Agenten oder Privatleute Welttage zu erfinden und auszurufen. Manche Tage sind mehrfach belegt und es ist noch kein Ende in Sicht. Ob diese Praxis der Grundidee, einem besonders wichtigen Gedanken / Ereignis eine Aufmerksamkeit zu schenken noch gerecht wird, ist fraglich. Tatsche jedoch ist, viele Gedenktage bleiben nicht lange und sind Eintagsfliegen, da sie schneller verschwinden, als sie angekommen waren. Dann steht noch die Frage, ob es denn überhaupt einen Anklang findet, da diese zuerst noch durch die Medien hopsen müssen. Die Medien entscheiden ob sie unterstützen, lieber kritisieren oder verschweigen. Das macht aus meiner Sicht alles keinen Sinn, welche aufzunehmen, die Schwachsinnig sind und kein Verstand dahinter steht. Man darf dennoch niemanden verbieten oder gar vorschreiben, welche Idee er hervorbringt. Es ist ein guter Spiegel dafür, welche Ideen die Gesellschaft heutzutage bewegen. Ob man persönlich einen Welttoilettentag braucht, ist jedem selbst überlassen. Am Ende ist es sehr amüsant, was man alles so per Zufall oder über die Nachrichten erfährt, was man zuvor nicht kannte.

__Die Gedenktage__

Das ist ein Kalenderdatum, an denen ein bestimmtes historisches Ereignis auch in kultureller Hinsicht, an eine Persönlichkeit von hoher nationaler oder religiöser Bedeutung erinnert wird.Es wird die jährliche Wiederkehr des Tages eines dramatischen Ereignisses (Krieg, Katastrophen, Verträge) gedacht oder der Versorgung gewürdigt. Zum Teil sind derartige Gedenktage als offizielle und kulturelle zum Feiertag ausgeschrieben worden.

__Welche Arten gibt es?__

Sie können in der jährlichen und regelmäßigen Wiederkehr begangen werden, diese werden dann auch als universalen bezeichnet. Alternativ gibt es in der Wahrnehmung auch die Jubiläen (50,100, 250. oder 500 Jahrestag). Man unterscheidet bewegliche Gedenktage, Gründungstage, Geburtstage, Todestage, Ehrentage und Welttage. Die staatlichen Gedenktage sind insbesondere zum Gedenken an die Kriegstoten wie der Volkstrauertag in Deutschland und in aller Welt sowie auch der Internationale Holocaustgedenktag. Im Kirchenjahr der katholischen Kirche und der orthodoxen Kirche werden auch die Gedenktage der Heiligen (und hier gebotene von nicht gebotenen Gedenktagen) unterschieden. Zum Gedächtnis der Verstorbenen begeht die katholische Kirche Allerseelen und die evangelische Kirche den Totensonntag. Manche Ereignisse werden als nationale Gedenktage bezeichnet. Die Besinnung auf historische Ereignisse soll damit im Volk oder in der Gruppe identitätsstiftend wirken. Unter Umständen können solche Gedenktage zum Entstehen von Feindbildern führen, wenn damit die Überlegenheit über andere betont werden soll.

<u>Beispiele solcher Gedenktage:</u>

➔ **27. Januar:** Tag des Gedenkens an die Opfer des Nationalsozialismus, zur Erinnerung an die 1945 erfolgte Befreiung des KZ-Auschwitz durch die Rote Armee

➔ **05. Mai:** Gedenktag gegen Gewalt und Rassismus im Gedenken an die Opfer des Nationalsozialismus in Österreich nationaler Feiertag seit 1998

➔ **08. Mai:** Tag der Befreiung-Bedingungslose Kapitulation der Wehrmacht und Ende des Zweiten Weltkrieges in Europa

➔ **17. Juni**: Nationaler Gedenktag in Deutschland zum Aufstand des 17. Juni

➔ **20. Juli**: Fehlgeschlagenes Attentat auf Adolf Hitler im Jahr 1944

➔ **11. Juli 2009:** erster EU-weiter Gedenktag zum Massaker von Srebrenica

➔ **23. August:** Europäischer Tag des Gedenken an die Opfer von Stalinismus und Nationalismus

<u>Was genau sind Jubiläen?</u>

Darunter versteht man eine Erinnerungsfeier, das ist die

Wiederkehr eines besonderen Datums. Bis in die heutige Zeit hat sich eingebürgert, jeden Jahrestag eines erfreulichen Ereignisses als Jubiläum zu bezeichnen. Besondere Jubiläen sind zum Beispiel der 5., 25., 50., 100. Jahrestag. Das Jubiläum ist umso bedeutender, durch je mehr der vorgenannten Zahlen es teilbar ist. Innerhalb der ersten 100 Jahre, sind in der Regel 5-10-20-25-50-75-100 sehr bedeutsam. In der Arbeitswelt werden 10-20-25-30-40-50 Dienstjahre als Jubiläen gefeiert.

Wird es als Jahrestag interpretiert, ist die Formatierung 150. Jubiläum dem 150-jährigen Jubiläum vorzuziehen, da es sich um einen Zeitpunkt und keine Zeitspanne handelt. Bei Geburtstagen, Hochzeiten, Unternehmungsgründungen, Konfirmation, Kommunion oder dem Jahrestag des Arbeitsbeginns (Dienst-Jubiläum), aber auch andere bei anderen Jahrestagen wird es häufig gefeiert. Der Jubilar richtet zu diesem Anlass oft ein Fest oder eine Feier aus und erhält von den Gästen Geschenke.

Welche Bezeichnungen gibt es?

Insbesondere bei Hochzeitsjubiläen, aber auch für Thronjubiläen von britischen Monarchen, haben sich spezielle Bezeichnungen eingebürgert, die nach Edelmetallen und Edelsteinen benannt werden. Am üblichsten sind:

- ✔ 25 Jahre – silbernes
- ✔ 40 Jahre – rubines
- ✔ 50 Jahre – goldenes
- ✔ 60 Jahre – eisernes
- ✔ 70 Jahre – platines

Was sind bewegliche Gedenktage?

Solche Tage werden jedes Jahr neu festgelegt. Sie sind nicht an

Wochentagen und einem ganz konkreten Datum gebunden, wie zum Beispiel Martini. Dieses wird jährlich am 10. und 11. November gefeiert. Man gedenkt an Martin Luther sowie Sankt Martin, er ist immer an einem Sonntag und stets an einem bestimmten Datum.

Was sind gebotene Gedenktage?

Ein gebotener Gedenktag ist in der liturgischen Ordnung der katholischen Kirche ein niederer Tag der Feierlichkeit, zwischen dem Fest und dem nicht gebotenen Gedenktag. Diese Klassifizierung wurde im Rahmen der Liturgiereform mit der Neuordnung des Kirchenjahres und des römischen Generalkalenders nach dem zweiten Vatikanischen Konzil, am 14. Februar 1969 von Papst Paul VI.approbiert und mit dem 1. Januar 1970 trat es in Kraft. Sie löste eine seitdem 16. Jahrhundert geltende differenzierte Rangordnung liturgischer Feiern ab.

Der gebotene Gedenktag wird in den liturgischen Büchern oder Kalendern meist mit dem Buchstaben „G" abgekürzt und ist im liturgischen Kalender der katholischen Kirche die Bezeichnung für die Feier von Heiligen oder Ereignissen in der Heiligen Messe sowie im Stundengebet. Anders als bei den nicht gebotenen Gedenktagen ist die Berücksichtigung in der Liturgie verpflichtend. Die Gedenktage werden im jeweiligen Jahr verdrängt, wenn sie mit einem Sonntag, Fest oder Hochzeit zusammenfallen.

Was ist ein nicht gebotener Gedenktag?

Der Begriff steht in den liturgischen Büchern meist mit einem

„g" abgekürzt, bezeichnet im geltenden Kalender der katholischen Kirche die Feier eines heiligen Gedenkens, das nach freiem Ermessen des Zelebranten oder des Rektors der Kirche in der heiligen Messe und im Stundengebet in der Gemeinschaft begangen werden kann. Im Gegensatz hierzu, sind Hochfeste, Feste und gebotene Gedenktage immer zu feiern, solange sie nicht von einem höherrangigen Tag der Rangordnung verdrängt werden.

Diese Klassifizierung wurde im Rahmen der Liturgiereform mit der Neuordnung des Kirchenjahres und des Römischen Generalkalendes nach dem zweiten Vatikanischen Konzil am 14. Februar 1969 von Papst Paul VI.approbiert und mit dem 1. Januar 1970 trat es in Kraft. Sie löste eine im 16. Jahrhundert geltende differenzierte Rangordnung des liturgischen Feierns ab.

Durch die nicht gebotenen Gedenktage werden oft Heilige geehrt, die im betreffenden Raum weniger bekannt sind. Zum Teil geht es auch um Heilige, deren Leben historisch kaum fassbar ist, deren Verehrung aufgrund reicher Legendenbildung gewünscht ist und deren Feier nur so ermöglicht werden soll. Im Regionalkalender des deutschsprachigen Raums, von den heiligen:

- ➜ Georg am 23. April

- ➜ Barbara am 04. Dezember

- ➜ Nikolaus am 06. Dezember

- ➜ Martin von Thours am 10. und 11. November

- ➜ Adam und Eva am 24. Dezember

Und viele weitere andere.

Was sind bewegliche Gedenktage?

Sie werden so benannt, wenn sie nicht in jedem Jahr zum

selben Zeitpunkt stattfinden. Das trifft auf den kleinen Teil der deutschen Gedenktage zu, der überwiegende Teil besitzt feste Termine. Damit sie wieder am selben Tag stattfinden, können im Extremfall bis zu mehrere Hundert Jahre vergehen. Dies trifft zum Beispiel auf einen Ostersonntag am frühst möglichen Datum 22. März zu. Dort liegen das letzte und das nächste Auftreten über 450 Jahre auseinander. Ostern 2023 lag am 09.04.23!

Internationale Tage / Gedenktage / Welttage

zunächst seht ihr nun Listen von Januar bis zum Dezember über alle Gedenktage, Welttage und internationalen Tagen und wann sie im Jahr sowie im jeweiligen Monat stattfinden. In den Tabellen steht das Jahr 2023 darin, allerdings gilt es in jedem Jahr!

Januar	Gedenktag
01/27/23	Internationaler Tag des Gedenkens an die Opfer des Holocaust

Februar	Gedenktag, Welttag, Internationale Tag
02/02/23	Welttag der Feuchtgebiete
02/13/23	Welttag des Radios
02/20/23	Welttag der sozialen Gerechtigkeit
02/21/23	Internationaler Tag der Muttersprache

März	Gedenktag, Welttag, Internationale Tage
03/03/23	Weltgebetstag

03/08/23	Internationaler Frauentag
03/21/23	Internationaler Tag zur Beseitigung der Rassendiskriminierung
03/21/23	Woche der Solidarität mit den gegen Rassismus kämpfenden Völkern
03/21/23	Welttag der Poesie
03/21/23	Welt-Down-Syndrom-Tag
03/22/23	Weltwassertag
03/23/23	Welttag der Meteorologie
03/24/23	Welt-Tuberkulose-Tag
03/25/23	Internationaler Tag des Gedenkens an die Opfer der Sklaverei und des transatlantischen Sklavenhandels

April	Gedenktag, Welttag, Internationale Tage
04/02/23	Welttag der Aufklärung über den Autismus
04/04/23	Internationaler Tag zur Aufklärung über die Minengefahr und zur Unterstützung bei Antiminenprogrammen
04/07/23	Weltgesundheitstag
04/08/23	Internationaler Romani Tag
04/23/23	Welttag des Buches und des Urheberrechtes
04/26/23	Welttag des geistigen Eigentums

Mai	Gedenktag, Welttag, Internationaler Tag
05/03/23	Welttag der Pressefreiheit

05/05/23	Europatag des Europarates
05/08/23	Tag des Gedenkens und der Versöhnung für die Opfer des zweiten Weltkrieges
05/08/23	Weltrotkreuztag, dauert 2 Tage bis zum 09.05.
05/09/23	Europatag der Europäischen Union
05/12/23	Internationaler Tag der Pflege
05/15/23	Internationaler Tag der Familie
05/17/23	Weltfernmeldetag
05/17/23	Welttag der Informationsgesellschaft
05/21/23	Welttag der kulturellen Vielfalt für Dialog und Entwicklungsfragen
05/22/23	Internationaler Tag der biologischen Vielfalt
02/25/23	Woche der Solidarität mit den Völkern aller kolonialen Gebiete, die für Freiheit, Unabhängigkeit und Menschenrechte kämpfen
05/29/23	Internationaler Tag der Friedenssicherungskräfte der Vereinten Nationen
05/31/23	Weltnichtrauchertag

Juni	Gedenktag, Welttag, Internationaler Tag
06/01/23	Internationaler Kindertag, wird nur in Deutschland begangen
06/04/23	Internationaler Tag der Kinder, die unschuldig zu Aggressionsopfern geworden sind
06/05/23	Weltumwelttag
06/14/23	Weltblutspendetag

06/17/23	Welttag für die Bekämpfung von Wüstenbildung und Dürre
06/20/23	Weltflüchtlingstag
06/23/23	Tag des öffentlichen Dienstes
06/26/23	Internationaler Tag gegen Drogenmissbrauch und unerlaubten Suchtstoffverkehr
06/26/23	Internationaler Tag der Vereinten Nationen zur Unterstützung der Opfer von Folter

Juli	**Gedenktag, Welttag, Internationaler Tag**
07/06/23	Internationaler Tag der Genossenschaften
07/11/23	Weltbevölkerungstag

August	**Gedenktag, Welttag, Internationaler Tag**
08/12/23	Internationaler Tag der Jugend
08/23/23	Internationaler Tag der Erinnerung an Sklavenhandel und dessen Abschaffung

September	**Gedenktag, Welttag, Internationaler Tag**
09/08/23	Weltalphabetisierungstag
09/15/23	Internationaler Tag der Demokratie
09/16/23	Internationaler Tag der Ozonschicht
09/20/23	Weltkindertag
09/21/23	Internationaler Friedenstag
09/21/23	Welt-Alzheimer-Tag

09/23/23	Welttag der Gebärdensprache
09/26/23	Weltschifffahrtstag
09/27/23	Welttourismustag
09/28/23	Tag der tauben Menschen

Oktober	**Gedenktag, Welttag, Internationaler Tag**
10/01/23	Internationaler Tag der älteren Menschen
10/02/23	Internationaler Tag der Gewaltlosigkeit
10/02/23	Welttag des Wohn- und Siedlungswesens
10/04/23	Internationale Weltraumwoche
10/05/23	Internationaler Tag des Lehrers
10/09/23	Tag des Weltpostvereins
10/10/23	Welttag der geistigen Gesundheit
10/15/23	Internationaler Tag der in ländlichen Gebieten
10/16/23	Welternährungstag
10/17/23	Internationaler Tag für die Beseitigung von Armut
10/24/23	Tag der Vereinten Nationen
10/24/23	Welttag der Information über Entwicklungsfragen und Abrüstungswoche
10/27/23	UNESCO-Welttag des audiovisuellen Erbes

November	**Gedenktag, Welttag, Internationaler Tag**
11/06/23	Internationaler Tag für die Verhütung der

	Ausbeutung der Umwelt in Kriegen und Konflikten
11/14/23	Weltdiabetestag
11/16/23	Internationaler Tag der Toleranz
11/18/23	Weltgedenktag für die Straßenverkehrsopfer
11/19/23	Internationaler Männertag
11/20/23	Weltkindertag
11/21/23	Welttag des Fernsehens
11/25/23	Internationaler Tag für die Beseitigung von Gewalt gegen Frauen
11/29/23	Internationaler Tag der Solidarität mit den palästinensichem Volk

Dezember	Gedenktag, Welttag, Internationaler Tag
12/01/23	Welt-AIDS-Tag
12/02/23	Internationaler Tag für die Abschaffung der Sklaverei
12/03/23	Internationaler Tag der Menschen mit Behinderungen
12/05/23	Internationaler Tag der Freiwilligen für wirtschaftliche und soziale Entwicklung
12/07/23	Tag der internationalen Zivilluftfahrt
12/09/23	Internationaler Tag gegen die Korruption
12/10/23	Tag der Menschenrechte
12/11/23	Internationaler Tag der Berge
12/18/23	Internationaler Tag der Migranten

| 12/19/23 | Tag der Vereinten Nationen für die Süd-Süd-Zusammenarbeit |
| 12/20/23 | Internationaler Tag der menschlichen Solidarität |

Internationale Tage der Vereinten Nationen

Sie benennen bestimmte Tage, Wochen, Jahre und Jahrzehnte als Anlass. Um bestimmte Themen zu beleuchten und wollen somit ihre Ziele umsetzen und fördern. Von den Sonderorganisationen der UNESCO, UNICEF, werden diese ausgerufen und sind seit dem Jahr 2023 gültig. Folgende von diesen Organisationen ausgerufenen Tage, die im Jahr 2022 beschlossen worden sind, seht ihr in nachfolgender Tabelle!

Datum	**Themen, die im Jahr 2022 beschlossen worden sind**
06/05/22	Internationaler Tag für den Kampf gegen illegale, unangemeldete und unregulierte Fischerei
06/05/22	Welttag der Umwelt
06/06/22	Internationaler Tag der russischen Sprache
06/07/22	Welttag der Lebensmittelsicherheit
06/08/22	Tag des Meeres
06/12/22	Welttag gegen Kinderarbeit
06/13/22	Internationaler Tag der Aufklärung über Albinismus

06/15/2 2	Welttag gegen Diskriminierung und Misshandlung älterer Menschen
06/16/2 2	Internationaler Tag der Heimatüberweisungen an Familienangehörige
06/18/2 2	Internationaler Tag für die Bekämpfung von Hetze
06/18/2 2	Tag der Nachhaltigen Gastronomie
06/19/2 2	Internationaler ag für die Beseitigung scxueller Gewalt in Konflikten
06/20/2 2	Internationaler Tag der Frauen in der Diplomatie
06/21/2 2	Internationaler Tag zur Feier der Sonnenwende
06/21/2 2	Internationaler Yoga Tag
06/23/2 2	Internationaler Tag der Witwen
06/25/2 2	Tag des Seefahrers
06/27/2 2	Tag der Kleinst,- kleinen- und mittleren Unternehmen
06/29/2 2	Internationaler Tag der Tropen
06/30/2 2	Internationaler Tag der Parlamentarisierung
07/01/2 2	Internationaler Genossenschaftstag

07/02/2 2	Internationaler Tag der Kaswahli Sprache
07/15/2 2	Welttag für den Kompetenzerwerb junger Menschen
07/20/2 2	Internationaler Tag des Mondes
07/20/2 2	Welttag des Schachs
07/25/2 2	Welttag zur Verhütung der Ertrinkens
07/28/2 2	Welt-Hepatitis-Tag
07/30/2 2	Welttag gegen den Menschenhandel
08/19/2 2	Welttag der humanitären Hilfe
08/21/2 2	Internationaler Tag des Gedenkens und Tributs an die Opfer des Terrorismus
08/22/2 2	Internationaler Tag des Gedenkens an die Opfer von Gewalthandlungen aufgrund der Religion oder der Weltanschauung
08/29/2 2	Internationaler Tag gegen Nuklearversuche
08/31/2 2	Internationaler Tag der Menschen afrikanischer Abstammung
09/05/2 2	Internationaler Tag der Wohltätigen
09/07/2 2	Internationaler Tag der sauberen Luft für einen blauen Himmel

09/09/2 2	Internationaler Tag zum Schutz der Bildung vor Angriffen
09/10/2 2	Welt-Suizid-Tag
09/16/2 2	Internationaler Tag der interventionellen Kardiologie
09/17/2 2	Welttag der Patientensicherheit
09/18/2 2	Internationaler Tag für gleiches Entgelt
09/26/2 2	Internationaler Tag für die vollständige Beseitigung der Kernwaffen
09/28/2 2	Welttollwuttag
09/29/2 2	Internationaler Tag der Aufmerksamkeit für Lebensmittelverluste und deren Verschwendung
09/30/2 2	Internationaler Tag des Übersetzens
10/07/2 2	Weltbaumwolltag
10/11/22	Internationaler Mädchentag
10/12/2 2	Internationaler Tag der spanischen Sprache
10/16/2 2	Welthungertag
10/31/2 2	Welttag der Städte
11/02/22	Internationaler Tag gegen Straflosigkeit für

	Verbrechen an Journalisten
11/05/22	Welttag für Tsunami Aufklärung
11/10/22	Welttag der Wissenschaft für Frieden und Entwicklung
11/16/22	Welttag der Philosophie
11/19/22	Weltgedenktag für die Straßenverkehrsopfer
11/19/22	Welttoilettentag
12/04/22	Internationaler Tag der Banken
12/05/22	Weltbodentag
12/09/22	Internationaler Tag des Gedenkens an die Opfer des Verbrechens, Völkermordes und ihrer Würde und der Verhütung dieses Verbrechens
12/12/22	Internationaler Tag der allgemeinen Gesundheitsversorgung
12/12/22	Internationaler Tag der Neutralität
12/18/22	Internationaler Tag der arabischen Sprache

Das sind alles die Tage, die die Vereinten Nationen gemeinsam mit der Ampelregierung beschlossen haben im Jahr 2022. Man stellt sich dabei die Frage, warum man davon nichts erfährt? Sind das alles Geheimnisse? Nein das sind sie nicht! Daher habe ich extra für euch mich auf die Suche gemacht, damit ihr endlich mehr erfahren könnt! Neben diesen ganzen Tagen gibt es auch noch:

➔ Internationaer Tag des Glücks

wann genau dieser ist, habe ich ebenfalls herausgefunden, es kann sein, dass es den nicht mehr gibt. Jetzt wisst ihr, was es für Tage alles gibt und habt nun einen Überblick darüber, wann sie begangen werden. Ihr seht auch, dass es fast täglich einen, sogar mehrere an einem Datum gibt. Meiner Meinung nach ist es Quatsch, an einem Datum so viele begehen zu wollen. Zudem brauchen wir nicht so viele davon, es reichen die wichtigsten davon aus. An irgendwelche Sprachen zu gedenken halte ich nicht für sinnvoll oder andere. Man bemerkt auch, dass an sehr vielen Tagen im Jahr der Weltkindertag ist, er wird aber nur an einem Tag im Jahr begangen in der Öffentlichkeit. Zum Schluss erfahrt ihr über jeden einzelnen Tag, was genau man da so feiern oder gedenken soll.

<u>Die Bedeutung der einzelenen Gedenktage, Welttage und Internationalen Tage</u>

- **Gedenken an die Opfer des Holocaust:** Seit 1995 wird dieser Tag begangen. Man gedenkt an die Juden 1945, die bfereit worden sind aus den Lagern sowie an die ermordeten.

- **Welttag der Feuchtgebiete:** Der Schutz dieser Feuchtgebiete als Lebensraum für die Wasservögel. Er wird begangen, damit die Menschen Verständnis für solche Tierarten aufbringen.

- **Welttag des Radios:** Den gibt es seit 2012 und soll auf die Bedeutung des Mediums hinweisen und stärken sowie die internationale Zusammenarbeit verbessert werden.

- **Welttag der sozialen Gerechtigkeit:** Seit 2009 und er betont, dass sich die soziale Entwicklung, Gerechtigkeit sowie die Aufrechterhaltung von Frieden gegenseitig bedingen, innerhalb von den Gesellschaften als auch zwischen den Nationen.

- **Internationaler Tag der Muttersprache:** Ihn gibt es seit 2000, er soll die sprachliche und kulturelle Vielfalt, Mehrsprachigkeit fördern, denn für die Organisation der Vereinten Nationen für Bildung, Wissenschaft und Kultur, sind die Sprachen Zeichen interkultureller Identität derer, die sie sprechen.

- **Weltgebetstag:** Das ist eine Basisbewegung von Frauen unterschiedlicher, christlicher Konfessionen. Sie laden Frauen, Männer, Kinder und Jugendliche ein, um gemeinsam für Frieden und Gerechtigkeit zu beten und zu handeln.

- **Internationaler Frauentag:** Ein Tag für Mädchen, Frauen und Menschen, die sich als Frau definieren. Er macht auf die Gleichberechtigung der Geschlechter aufmerksam und diesen gibt es schon seit über 100 Jahren.

- **Internationaler Tag der Rassendiskriminierung:** Am 21. März 1960 sind friedliche Demonstranten von der afrikanischen Polizei getötet worden. Sie demonstrierten gegen die Apartheidplitik ihres Landes.

- **Woche der Solidarität mit den gegen Rassismus kämpfenden Völkern:** Das sind Aktionswochen,mit den Opfern und Gegnern von Rassismus. In Deutschland werden sie organisiert von der Stiftung gegen Rassismus und diese bereiten auch alles vor.

- **Welttag der Pressefreiheit:** Es gibt ihn seit dem Jahr 1944, er soll auf die Verletzungen der Pressefreiheit sowie auf die grundlegende Bedeutung freier Berichterstattungen für die Existenz von Demokratien aufmerksamen machen.

- **Welttag der Poesie:** Wird seit 2000 begangen. Er soll an die Vielfalt des Kulturgutes Sprache und der Bedeutung mündlicher Traditionen erinnern. Es soll ein interkultureller Austausch gefördert werden.

- **Welt-Down-Syndrom-Tag:** Er wird seit 2006 begangen. Es werden Verantsaltungen organisiert, die das öffentliche Bewusstsein für dieses Thema steigern soll.

- **Weltwassertag:** Den gibt es seit 1993 und soll auf die Bedeutung des Wassers hinweisen. Zudem wird seit dem Jahre 2023 auf den beschleunigten Wandel hingewiesen. Man feiert das Wasser und schärft das Bewusstsein für 2 Milliarden Menschen, die ohne Zugang zum sauberen Wasser haben.

- **Welttag der Meteorologie:** Er soll an die im Jahr 1950 in Kraft getretene Konvention der Weltorganisation für Meterologie, die ihren Sitz in Genf hat erinnern.

- **Welt-Tuberkulose-Tag:** Den gibt es schon seit 135 Jahren, um genauer zu sein seit dem 24. März 1882! In diesem Jahr gab Robert Koch seine Entdeckung des Tuberkulose-Erregers bekannt. Diese wurde zu einer Erkrankung, die diagnostizierbar, behandelbar und heilbar ist. Der Tag ehrt die Leistung des Wissenschaftlers und macht darauf aufmerksam, die Erkrankung zu bekämpfen, da es sehr wichtig ist. Zudem gibt es auch die Impfung dagegen.

- **Internationaler Tag des Gedenkens an die Opfer der Sklaverei und des transatlantischen Sklavenhandels:** Im Jahr 2007 wurde das erste gesetzliche Verbot 200 Jahre alt. Aus diesem Anlass ging die UN den Tag, als solchen zu begehen, an.

- **Welttag der Aufklärung über den Autismus:** Seit dem Jahr 2008 stehen nicht nur der Betroffene und seine Angehörigen im Mittelpunkt, sondern auch die Individualität eines Autisten und deren Aufklärung gegenüber den Mitmenschen.

- **Internationaler Tag zur Aufklärung über die Minengefahr und zur Unterstützung von Beseitigungsprogrammen:** Den gibt es seit 2006. Er soll auf die anhaltende Gefahr durch Blindgänger aufmerksam machen und von Minen. Zudem soll durch Bedrohung der Landminen sensibilisiert werden bei den Programmen zur Beseitigung und die Öffentlichkeit soll daran mitwirken.

- **Weltgesundheitstag:** Den gibt es schon seit 1948. Er ist ein weltweiter Aktionstag, indem die WHO ein Gesundheitsproblem vorrangig in das Bewusstsein der Öffentlichkeit rücken will. Jedes Jahr gibt es ein Thema, unter dem er stattfindet.

- **Internationaler Romani-Tag:** Das ist ein weltweiter Aktionstag, mit dem auf die Situation der Roma, besonders die Diskriminierung und Verfolgung aufmerksam gemacht werden soll sowie die Kultur der ethnischen Minderheit gefeiert wird. Diesen Tag gibt es seit 1990.

- **Welttag des Buches und des Urheberrechtes:** Er wird seit dem Jahre 1995 begangen. Das ist ein Aktionstag für das Lesen der Bücher, für die Kultur des geschriebenen Werkes und auch für die Rechte der Autoren. Er soll die Aufmerksamkeit auf den Wert des Buches und die Rechte der Autoren erinnen und darauf lenken.

- **Welttag des geistigen Eigentums:** Er wurde eingeführt, um die Bedeutung des Schutzes und der Förderung des geistigen Eigentums zu betonen. Es ist ein Begriff, der auf den Schutz intellektueller Werke und Innovationen abzielt, mehr Bewusstsein für die Schöpfungen des menschlichen Intellekts. Seit dem Jahr 2000 gibt es ihn.

- **Europatag des Europarates:** Den gibt es seit 1964 und ist ein Forum zur Diskussion über dringende europäische Fragen. Eine Organisation (internationale) mit begrenzter Macht, deren Mandat sich auf die Wahrung der Menschenrechte und der Demokratie konzentriert.

- **Tag des Gedenkens und der Versöhnung für die Opfer des 2.Weltkrieges:** Es wird an die Menschen gedacht, die entrechtet, verfolgt, gequält oder ermordet worden sind. Ein historischer Anlass ist die Befreiung des deutschen Konzentrationslagers Auschwitz-Birkenau durch die Rote Armee.

- **Weltrotkreuztag:** Den gibt es seit 1921. Er fällt auf den Geburtstag von Henry Duant, dem Gründer der Internationalen Rotkreuz- und Rothalbmonbewegung.

- **Europatag der Europäischen Union:** Für Frieden und Einheit in Europa und markiert den Jahrestag von Schuman-Erklärung. Seine Idee für eine neue Form der politischen Zusammenarbeit stellte er vor, die kein Krieg zwischen den Nationen Europas zulassen sollte. Es werden an diesem Tag die Türen für die Öffentlichkeit geöffnet.

- **Internationaler Tag der Pflege:** Der Anschluss zur Würdigung und Schätzung in der Pflege von Senioren tätiger Menschen. Er geht auf den Geburtstag der britischen Krankenschwester zurück, die als Pionierin der modernen Krankenpflege gilt und widmet sich an alle, die in den Pflegeberufen arbeiten. Den gibt es seit 1965.

- **Weltfernmeldetag:** Es soll die Verbreitung moderner Technologie vorantreiben. Das Ziel ist es, jeder Mensch hat Zugang zu Informationstechnologien und verbessert seine Lebenssituation.

- **Welttag der Informationsgesellschaft:** Für die Gesellschaft und der Wirtschaft muss das Internet und andere Technologien eröffnet werden.

- **Welttag der kulturellen Vielfalt für Dialog und Entwicklung:** Den gibt es seit 2001 und er soll das öffentliche Bewusstsein dafür stärken und die Werte besser verständlich machen. Ausstellungen, Lesungen, Konzerte und Workshops gibt es an diesem Tag, um mit den Künstlern sprechen zu können.

- **Internationaler Tag der biologischen Vielfalt:** Seit 1992 soll er das Bewusstsein für die Bedeutung schärfen und den Schutz und den nachhaltigen Nutzen der Natur stärken.

- **Woche der Solidarität mit den Völkern aller kolonialen Gebiete, die für Freiheit, Unabhängigkeit, für Menschenrechte kämpfen:** Hierzu gibt es von der UNESCO keine Angaben, selbst bei einer Anfrage geben sie keine Auskunft darüber!

- **Internationaler Tag der Friedenssicherungskräfte der Vereinten Nationen:** Den gibt es seit 2002. Die Sicherung und Wahrung des Weltfriedens, ist eines der wichtigsten Ziele der UN, denen 5 ständige und 10 im 2-Jahres-Rhythmus wechselnde Mitglieder angehörigen.

- **Weltnichtrauchertag:** An diesem Tag soll auf die Gefahren des Tabakkonsums aufmerksam gemacht werden und ganz besonders an die Nichtraucher gedacht werden. (aus meiner Sicht, ist dieser Tag Quatsch und den brauchen wir nicht!)

- **Internationaler Kindertag:** Er soll an die Rechte der Kinder erinnern, denn sie stehen im Mittelpunkt.

- **Internationaler Tag der Kinder, die unschuldig zu Aggressionsopfern geworden sind:** An dem Tag soll auf die Folgen von bewaffneten Konflikten hingewiesen und aufmerksam gemacht werden sowie den Schutz von Kindern erhöhen. Die Kinderrechte zu stärken und die Verletzungen sichtbar machen. Zudem soll er auf die schwere Situation von Kindern aufmerksam machen, die körperlicher, emotionaler oder sexueller Gewalt ausgesetzt sind.

- **Weltblutspendertag:** An diesem Tag, rufen alle Blutbanken auf, Blut zu spenden, um so Leben zu retten. Seit dem Jahr 2004, genau zum Geburtstag von Karl Landsteiner, dem Entdecker von Blutgruppen, gibt es Informationsmaterial zur Aufklärung sowie Aktionen von den Blutspendediensten.

- **Welttag für die Bekämpfung von Wüstenbildung und Dürre:** Das Ziel ist es, das Bewusstsein für das Vorhanden sein von Wüstenbildung und Dürre zu schärfen, die Methoden zur Verhinderung und Erholung von Dürre sowie Wüstenbildung zu zeigen. Es gibt den Tag seit 1994. Zudem soll er auf die Folgen zunehmender Verödung großer fruchtbarer Landflächen aufmerksam machen.

- **Weltflüchtlingstag:** Er soll die gesamten Flüchtlinge aus der ganzen Welt in Deutschland feiern und ehren. Seit 2001 gibt es den Tag. Anlässlich des 50. Jahrestages der Konvention über Rechtsstellung der Flüchtlinge von 1951. Sie werden an diesem Tag gewürdigt, besonders ihre Stärken, Mut und die Widerstandsfestigkeit diese aufzubringen. (Ich halte es nicht für richtig, denn die Masse will nur das soziale System knacken, heißt sie wollen nur die Sozialgelder, daneben wird Wirtschaftsbetrug begangen, Messerstecherei und und und! Es sind nicht alles Kriegsflüchtlinge, wenn man genau recherchiert! Gegen Flüchtlinge, wo wirklich der Krieg herrscht und diese danach wieder zurückkehren, habe ich nichs, nur gegen die, wo man selbst als Frau Angst haben muss, auf die Straße zu gehen!)

- **Tag des öffentlichen Dienstes:** Die Bezeichnung umfasst neben den Beamten auch die Angestellten von Bund, Ländern, Gemeinden, die im Dienst für die Gesellschaft arbeiten.

- **Internationaler Tag gegen Drogenmissbrauch und unerlaubten Suchtverkehr:** Den gibt es seit dem Jahr 1987 und soll auf die Folgen aufmerksam machen und dient zur Aufklärung. Dieser Tag macht auf alle Arten von Drogenmissbrauch aufmerksam.

- **Internationaler Tag der Vereinten Nationen zur Unterstützung der Opfer von Folter:** Es wird sich gegen das Verbrechen der Folter ausgesprochen, Opfer und Überlebende auf der ganzen Welt werden geehrt und unterstützt. Zudem soll daran erinnert werden, dass das Versprechen, dieser grausamen Verletzung der Menschenrechte auszugrenzen und zu bekämpfen gilt.

- **Internationaler Tag der Genossenschaften:** Seit dem Jahre 1923 soll er aufzeigen, wie wichtig die Genossenschaften sind.

- **Weltbevölkerungstag:** Er soll aufzeigen, wie viele Menschen es gibt auf der Erde und welche Entwicklungen überall stattfinden.

- **Internationaler Tag der Jugend:** Er soll auf die Herausforderungen, die Bedürfnisse aufmerksam machen und ihre politische Teilhabe stärken. Dieser Tag wird seit 1999 begangen.

- **Internationaler Tag der Erinnerung an Sklavenhandel und dessen Abschaffung:** Seit 1998 gibt es ihn. Heutzutage ist es überall verboten aber dennoch gibt es ähnliche Zustände wie zum Beispiel am Arbeitsplatz.

- **Internationaler Tag der Demokratie:** Er soll daran erinnern, dass die Demokratie keine Selbstverständlichkeit ist und dass sie von uns allen gestaltet und gefördert werden muss. Seit 2007 wird er begangen. Zudem gibt es 2 Ziele die gesetzt worden sind, sie sollen gefeiert und gewürdigt werden.

- **Internationaler Tag der Ozonschicht:** Begangen wird

er seit dem Jahr 1934. Er soll zur Erhaltung der Ozonschicht hinweisen. Zudem soll das Bewusstsein für die Bedeutung des Schutzes der Ozonschicht auf der Erde erhöht werden.

- **Internationaler Friedenstag:** Seit dem Jahre 1981 wird er begangen. Er soll an die Idee des Friedens erinnern und dafür stärken, denn weltweit kann man ständige Waffenruhen und Gewaltlosigkeit beobachten.

- **Welt-Alzheimer-Tag:** Seit dem Jahre 1994 finden vielfältige Aktivitäten statt, um die Öffentlichkeit auf die Situation der Alzheimer-Krankheiten und ihre Angehörigen aufmerksam zu machen.

- **Welttag der Gebärdensprache:** Es ist ein Aktionstag, der auf die Gehörlosen aufmerksam macht, sie zu fördern und die Sprache für alle beizubringen, damit sie sich mit den Taub-Stummen unterhalten können. Die Öffentlichkeit soll Zugang erhalten.

- **Tag des Weltpostvereins:** Er soll auf die Bestimmungen des Vertrages hinweisen und auf die Postgeheimnisse. Dazu gibt es viele Aktionen. Dieser regelt seit 1874 (Gründungsjahr) die internationale Zusammenarbeit der Postunternehmen, Behörden und die Rahmenbedingungen des grenzüberschreitenden Postverkehrs. An diesem Tag gibt es Sonderbriefmarken.

- **Welttag der geistigen Gesundheit:** Der Tag soll auf die Menschen mit Erkrankungen der Nerven und der Psyche aufmerksam machen.

- **Internationaler Tag der Frauen in ländlichen

Gebieten: Er soll die Leistungsfähigkeit der Bäuerinnen und ihre Bedeutung für eine funktionierende Landwirtschaft unterstreichen. Zudem sind maßgeblich sie an der Nahrungsversorgung der Weltbevölkerung beteiligt, auch die Feldarbeiterinnen sowie Landfrauen.

- **Internationaler Tag der Gewalttätigkeit:** Er erinnert daran, dass man gegen religiös motivierte Gewalt vorgehen soll, um eine gerechtere und friedliche Zukunft zu schaffen.

- **Welttag des Wohn- und Siedlungswesens:** Legt die Aufmerksamkeit auf den Wohnraum der Menschen.

- **Internationale Weltraumwoche:** Man feiert die Weltraumwissenschaft und Technologie seit 1990. Vom 04.Oktober bis zum 10.Oktober jeden Jahres, um an den Start des ersten küsntlichen Satelliten Sputnik 1 zu erinnern. Dazu gibt es Aktionen und pädagogische Veranstaltungen, um das Bewusstsein für die Bedeutung des Weltraumes für unsere Zivilisation sowie unser Leben zu fördern.

- **Internationaler Tag des Lehrers:** Seit 1994 erinnert er an die Stellung und bedeutende Rolle der Lehrer für qualitativ hochwertige Bildung. Damals war er ein Ehrentag und Gedenktag in der DDR.

- **Weltschifffahrtstag:** Er hebt die Bedeutung der Meere mit ihrer Flora und Fauna sowie ihre Relevanz in der Weltwirtschaft hervor. Die Schifffahrtssicherheit, die Sicherheit im Schiffsverkehr spielen an diesem Tag eine große Rolle.

- **Welttourismustag:** Er zeigt des Bedeutung der

Tourismus für die internationale Gemeinschaft, seine Auswirkungen auf soziale, kulturelle, politische, wirtschaftliche Werte weltweit.

- **Tag der tauben Menschen:** Es wird auf die Belange und Bedürfnisse der tauben Menschen hingewiesen. Jeder soll sie mit Respekt behandeln.

- **Internationaler Tag der älteren Menschen:** Seit dem Jahre 1990 wird auf die Resilienz der älteren Menschen in einer sich verändernden Welt hingewiesen. Es soll der Öffentlichkeit dargelegt werden, sich um sie zu kümmern.

- **Welternährungstag:** Er erinnert an die Gründung der Ernährungs- und Landwirtschaftsorganisationen der Vereinten Nationen im Jahr 1945. Dieser setzt sich für Ernährungssicherheit ein. Der Tag soll darauf aufmerksam machen, das es Menschen gibt, die an Hunger leiden müssen.

- **Internationaler Tag für die Beseitigung von Armut:** Er soll daran erinnern, gefestigte Armut zu beenden und dass alle Menschen auf der Erde respektiert werden müssen. Seit 1992 gibt es den Tag. Niemand soll in Armut leben. (Ampelregierung ist das egal!)

- **Tag der Vereinten Nationen:** Alle Mitgliedsstaaten feiern ihn. Eingeführt wurde er 1945, im selben Jahr trat die Charta in Kraft.

- **Welttag der Information über Entwicklungsfragen und Abrüstungswoche:** Seit 1972 bietet er einen Anlass, um über aktuelle Themen, globale Herausforderungen zu reden. Der Fokus liegt auf die Stärkung der internationalen Zusammenarbeit.

- **UNESCO-Welttag des audiovisuellen Erbes:** Den

gibt es seit 1980. Eine Empfehlung zum Schutz und zur Erhaltung bewegter Bilder sagt der Tag an. Er soll auf die Wichtigkeit von audiovisuellen Quellen hinweisen.

- **Internationaler Tag zur Verhütung der Ausbeutung der Umwelt in Kriegen und Konflikten:** Erinnert daran, dass Kriege mit Waffen die Umwelt zerstören. Das sind die Panzer, Munitionen und Bomben. Das muss dringend verhindert werden.

- **Welt-Diabetes-Tag:** Erinnert an die Diabetiker und macht darauf aufmerksam, was es für eine Erkrankung ist. Es ist ein Tag der Aufklärung.

- **Internationaler Tag der Toleranz:** Seit 1995 erinnert er an die Notwendigkeit von Toleranz für den Frieden und der wirtschaftlichen Ebene. Die soziale Entwicklung der Völker soll betont werden. Die Wichtigkeit von Respekt und Anerkennung gegenseitig soll gestärkt werden.

- **Weltgedenktag für die Straßenverkehrsopfer:** Internationales Ereignis, welches von der UN initiiert wurde, um an die Menschen zu erinnern, die auf den Straßen der Welt getötet, schwer verletzt worden sind.

- **Internationaler Männertag:** Seit 1999 ist es das Ziel, Aufmerksamkeit auf zahlreiche Benachteiligungen von Männern und Jungen zu machen. Gleichberechtigung der Geschlechter zu fördern.

- **Weltkindertag:** Alle Rechte und Bedürfnisse der Kinder auf der Welt den Menschen beizubringen, Kinderschutz, Kinderpolitik sowie Kinderrechte zu stärken.

- **Welttag des Fernsehens:** Soll an das erste

Weltfernsehforum 1986 erinnern. An diesem Gedenktag gibt es überall die Geschichte des Fernsehens.

- **Internationaler Tag für die Beseitigung von Gewalt gegen Frauen:** Es ist ein Gedenk- und Aktionstag zur Bekämpfung von Diskriminierung, Gewalt jeder Form gegen Mädchen und Frauen. Da es ein globales Problem ist und die Bekämpfung eine Pflicht darstellt. Es wird darauf aufmerksam gemacht.

- **Internationaler Tag der Solidarität mit dem palästinensischen Volk:** Seit 1978 erinnert man an die Resolution der UN im Jahre 1947, mit der damals der Staat Palästina geteilt wurde. Heute noch gelten zwei Staaten für den Nahostkonflikt. An diesem Tag wird an die Teilung gedacht.

- **Welt-AIDS-Tag:** Es wird dazu aufgerufen, Solidarität mit den hier betroffenen Menschen zu zeigen. Diese leiden oft unter Diskriminierung. Dazu gibt es Aktionen, Reden, Fotos mit Menschen, die HIV oder AIDS haben. Die rote Schleife bedeutet „Achtung, ich habe zwar diese Erkrankung, bitte nehmt mich so wie ich bin!

- **Internationaler Tag der Menschen mit Behinderungen:** Es soll seit dem Jahre 1992 weltweit das Bewusstsein für ihre Belange schärfen und den Einsatz für ihre Würde und Rechte fördern. Alle Menschen sollen darauf aufmerksam gemacht werden, dass mit Behinderungen, egal ob geistig, körperlich, kein Grund ist, diese Menschen abzuschieben oder zu diskriminieren.

- **Internationaler Tag der Freiwilligen für wirtschaftliche und soziale Entwicklung:** Seit 1985 soll dieser Tag den Helfern Achtung erwiesen werden. Das Ehrenamt und die Freiwilligenarbeit liegen beieinander. Diese sind in allen Kulturen und Religionen zu finden.

- **Tag der internationalen Zivilluftfahrt:** Er soll an die Bedeutung der Luftfahrt hervorheben in der Öffentlichkeit.

- **Internationaler Tag gegen die Korruption:** Er soll seit dem Jahre 2003 auf das Ausmaß sowie den Konsequenzen von Korruption aufmerksam machen, auch den Folgen sowie den Gefahren.

- **Tag der Menschenrechte:** Seit 1948 ist er Anlass daran zu erinnern, dass die Menschenrechte universell gültig, unteilbar und voneinander abhängig sowie miteinander verknüpft sind.

- **Internationaler Tag der Berge:** Seit 2003 ist es das Ziel, der breiten Bevölkerung in allen Kreisen die Eigenheiten und die Probleme aller Bergregionen bewusst zu machen. Es soll auf die Notwendigkeit einer nachhaltigen Bergentwicklung hinweisen und zielt darauf ab, das Bewusstsein für die Bedeutung der Berge zu stärken. Die Erhaltung ist der Schlüsselfaktor für eine nachhaltige Entwicklung.

- **Internationaler Tag der Migranten:** Er soll auf die Probleme der Migranten hinweisen. Sie dürfen nicht diskreminiert werden und müssen geachtet werden. Der Grundsatz ist derselbe wie der Flüchtlingstag.

- **Tag der Vereinten Nationen für die Süd-Süd-Zusammenarbeit:** Seit dem Jahr 2003 wird eine bessere Zusammenarbeit zwischen den Entwicklungsländern angestrebt.

- **Internationaler Tag der menschlichen Solidarität:** Es soll daran erinnert werden, dass bei weltweiten Problemen, gemeinsame Lösungswege zu erarbeiten und zu lösen sind.

- **Internationaler Tag für den Kampf gegen illegale, unangemeldete und unregulierte Fischerei:** Es soll auf die Bedeutung der nachhaltigen Nutzung der Fischerei hingewiesen werden, die durch jegliche illegale oder nicht-autorisierte Eingriffe stattfinden.

- **Welttag der Umwelt:** Es soll das Bewusstsein und Handeln fördern zum Schutz der Umwelt. Der Aktionstag ist global angelegt für die Natur und ist dem natürlichen Lebensraum gewidmet. Zudem soll dieser Tag das Umweltbewusstsein stärken.

- **Internationaler Tag der russischen Sprache:** Seit 2010 soll er an die Mehrsprachigkeit und kulturelle Vielfalt der russischen Sprache erinnern. An die gleiche Nutzung aller 6 offiziellen Sprachen, wird eine Feier ausgeübt.

- **Welttag der Lebensmittelsicherheit:** Seit 2018 soll darauf aufmerksam gemacht werden, welche Bedeutung sichere Lebensmittel für den Schutz der Gesundheit haben. Zudem wird gezeigt, welche Folgen verunreinigte und verdorbene Lebensmittel auslösen können.

- **Tag des Meeres:** Die Ozeane werden seit 2009 als bedeutend für die Ernährungssicherheit, Gesundheit und dem Überleben allen Lebens für das Klima und als ein Teil der Biosphäre gesehen. Der Tag soll auf die Bedrohung der Weltmeere aufmerksam machen. Alle Menschen sollen sensibilisiert werden, dass die Meere geschützt werden müssen.

- **Welttag gegen Kinderarbeit:** Er soll das kritische Bewusstsein für die Ausbeutung von Kindern schaffen.

- **Internationaler Tag der Aufklärung über Albinismus:** Seit dem Jahr 2014 soll er auf die Diskriminierung gegenüber Menschen mit Albinismus machen und fördert die Abschaffung dessen.

- **Internationaler Tag der Heimatüberweisungen der Familienangehörigen:** Es werden die Wanderarbeitnehmer gewürdigt, die jenseits ihres Heimatlandes beschäftigt sind und ihren Verdienst an über 800 Millionen Familienangehörigen in der Heimat schicken.

- **Internationaler Tag für die Bekämpfung von Hetze:** Im analogen sowie im digitalen ist es das Ziel, Hasskommentaer und Desinformationen in den Medien zu bekämpfen, da sie großen Schaden anrichten. Das Netz ist voll mit Hassbotschaften, Beleidigungen und Grenzüberschreitungen. Daran soll erinnert und Aufmerksamkeit erregt werden.

- **Tag der nachhaltigen Gastronomie:** Seit 2010 soll an die Nachhaltigkeit in den Küchen der deutschen Gastronomie erinnert werden, da sie heutzutage nicht mehr wegzudenken ist. Der Tag macht darauf aufmerksam und will aufzeigen, wie wichtig es ist, regionale Produkte zu verwenden.

- **Internationaler Tag für die Beseitigung sexueller Gewalt in Konflikten:** Seit 2008 soll an die sexuelle

Gewalt in Konflikten erinnert werden, besonders bei der Kriegstaktik und somit die Behinderung für den Frieden. An diesem Tag gibt es Hintergrundmaterial.

- **Internationaler Tag der Frauen in der Diplomatie:** Es wird anerkannt, dass Frauen in der Diplomatie zum bestehenden multikulturellen System beigetragen haben. Sie haben wesentlich bei der Ausarbeitung der Allgemeinen Erklärung der Menschenrechte mitgewirkt.

- **Internationaler Tag zur Feier der Sonnenwende:** Es soll in das Bewusstsein gerückt werden, dass die Sonnenwende und die Wintersonnenwende nicht nur die Fruchtbarkeit des Bodens und somit die Grundlage für die Nahrunsgmittelproduktion ist, sondern auch das kulturelle Erbe symbolisieren.

- **Internationaler Yoga-Tag:** Gemeinsames Üben von Yoga soll dem Menschen den Nutzen näher bringen und vermitteln. Es wird auf verschiedene Yoga Konzepte aufmerksam gemacht. Den gibt es seit 2015.

- **Internationaler Tag der Witwen:** Er soll auf die Probleme der hinterbliebenen Ehefrauen aufmerksam machen.

- **Tag des Seefahrers:** Seit 2010 wirbt er für eine Karriere als Seefahrer und allgemein über den Beruf informiert er. Zudem will dieser Tag auch ein öffentliches Interesse wecken.

- **Tag der Kleinst,- kleinen- und mittleren Unternehmen:** Es werden diese Unternehmen gewürdigt, da sie eine große und entscheidende Rolle spielen in der Gesamtwirtschaft als auch die Schaffung von Arbeitsplätzen.

- **Internationaler Tag der Tropen:** Es wird auf die Gefahren aufmerksam gemacht, denen sie ausgesetzt sind, wie der Rodung oder dem Goldrausch.

- **Internationaler Tag des Parlamentarismus:** Es wird die Arbeit der Parlamente gewürdigt, da sie dafür sorgen, dass die Politik vielen Menschen zugutekommt, vor allem denen mit weniger Ressourcen (in der heutigen Zeit ist es leider nicht mehr gegeben).

- **Internationaler Tag der Kalahali-Sprache:** Er soll die Rolle dieser Sprache für die kulturelle Vielfalt und die Verständigung würdigen. Das ist eine Bantusprache, die am häufigsten in Afrika, südlich der Sahara gesprochen wird.

- **Welttag für den Kompetenzerwerb junger Menschen:** Er macht auf die Wichtigkeit der Entwicklung von Jugendkompetenzen aufmerksam.

- **Internationaler Tag des Mondes:** Es wird an die erste Mondlandung im Jahr 1969 erinnert. Das war Juri-Gagarin. Seit 2022 gibt es den Tag.

- **Welttag des Schachs:** Es wird an die Gründung des internationalen Schachverbandes erinnert. Den gibt es seit dem Jahr 1966.

- **Welttag zur Verhütung des Ertrinkens:** Seit 2021 wird ein Zeichen für den Kampf gegen das Ertrinken gesetzt. Präventivmaßnahmen wie das Schwimmen lernen und die Rettung aus dem Wasser.

- **Welt-Hepatitis-Tag:** Es wird an diesem Tag für das Virushepatitis sensibilisiert, da die eine Entzündung der Leber verursacht und zu einer schweren Erkrankung führt. Seit 2011 wird daran erinnert.

- **Welttag gegen den Menschenhandel:** Seit 2014 gibt es den Aufruf zum Handeln, um das Verbrechen zu beenden. Er soll das Bewusstsein schärfen.

- **Welttag der humanitären Hilfe:** Er dient zur Steigerung der Aufmerksamkeit und dem Wissen der Öffentlichkeit für bestimmte Herausforderungen und Themen. Er ehrt die Arbeit der Helfer und gedenkt denen, die ihr Leben dabei verloren haben.

- **Internationaler Tag des Gedenkens und Tributs an die Opfer des Terrorismus:** Seit 2018 ehrt dieser Tag die Überlebenden und will ihre Menschenrechte sowie Grundrechte schützen.

- **Internationaler Tag des Gedenkens an die Opfer von Gewalthandlungen aufgrund der Religion oder Weltanschauung:** Den Opfern soll geholfen werden und Unterstützung erhalten. Daran erinnert dieser Tag.

- **Internationaler Tag gegen Nuklearversuche:** Die Menschen sollen über die Notwendigkeit des Verbots aufgeklärt werden und für eine sichere Welt sorgen.

- **Internationaler Tag der Menschen afrikanischer Abstammung:** Sie werden geehrt und anerkannt. Zudem wird ihnen Achtung geschenkt für das vielfältige Erbe und Kultur.

- **Internationaler Tag der Wohltätigkeit:** Das Ziel ist es, auf die gesellschaftliche Bedeutung des Ehrenamtes hinzuweisen, die Menschen zu mobilisieren, anderen ohne Gegenleistung zu helfen. Er erinnert an die Würde und Gleichheit. Zudem wurde er zu Ehren des Todes von Mutter Teresa erklärt.

- **Internationaler Tag der sauberen Luft für einen blauen Himmel:** Seit 2020 ist es das Ziel, das Bewusstsein für die Luftqualität zu schärfen. Es sollen die Maßnahmen erleichtert werden, um sie zu verbessern.

- **Internationaler Tag zum Schutz der Bevölkerung von Angriffen:** Er erinnert an die Not von Kindern und Jugendlichen, die von Kriegen und bewaffneten Konflikten betroffen sind. Sie haben das Recht auf Bildung und Sicherheit.

- **Welt-Suizid-Präventionstag:** Er soll die Bevölkerung dafür sensibilisieren, dass Suizid ein enormes Problem ist. Damit können Warnsignale besser erkannt und Berührungsängste reduziert werden.

- **Internationaler Tag der interventionellen Kardiologie:** Seit 2022 soll er das öffentliche Bewusstsein für Herz-Kreislauf-Erkrankungen stärken und die Menschen dazu aufrufen, denjenigen zu helfen, die offensichtlich ärztliche Hilfe benötigen und dass sie nicht daran vorbei gehen und sie denken, er wäre Alkoholiker.

- **Welttag der Patientensicherheit:** Er soll daran erinnern, dass die Patienten zu sichern sind und keinen Schaden nehmen dürfen bei Medikamenten oder Operationen.

- **Internationaler Tag für gleiches Entgelt:** Macht auf die ungleiche Bezahlung aufmerksam von Männern und Frauen.

- **Internationaler Tag für die vollständige Beseitigung von Kernwaffen:** Er macht darauf aufmerksam, dass es eine vollständige Abschaffung der Atomwaffen geben muss. Die Menschen sollen gestärkt werden für die weltweite Abrüstung solcher Waffen. Zudem wird aufgezeigt, was sie anrichten können.

- **Welt-Tollwut-Tag:** Es ist ein wichtiger Aufklärungstag, der auf die tödliche Erkrankung bei Tieren aufklärt sowie dass man sich Impfen lassen soll, da es überträgt.

- **Internationaler Tag der Aufmerksamkeit für Lebensmittelverlusten und Verschwendung:** Seit 2020 soll es das Bewusstsein für dessen Folgen stärken, um sie zu vermeiden.

- **Internationaler Tag des Übersetzens:** Seit 1954 soll er die Solidarität innerhalb der internationalen Übersetzung der Gemeinschaft, die Bedeutung des Berufes zeigen und betonen.

- **Weltbaumwolltag:** Dieser ehrt alle Menschen, die im Baumwollsektor tätig sind. Zudem soll er eine nachhaltige Handlungspolitik in diesem Bereich fördern.

- **Internationaler Mädchentag:** Das Ziel ist es, die Bekämpfung von Zwangsehen, Gleichberechtigung in allen Lebensbereichen, eine entscheidende Um- und durchsetzung von Anti diskriminierungsgesetzen. Es darf keine keine Gewalt gegen Mädchen und jungen Frauen geben.

- **Internationaler Tag der spanischen Sprache:** Seit 2020 soll es die Mehrsprachigkeit, kulturelle Diversität der UN-Mitarbeiter verdeutlichen und der Sprache,

Kultur sowie Geschichte eine Würdigung schenken.

- **Welthungerstag:** Er soll darauf aufmerksam machen, dass es überall auf der Welt Menschen gibt, die an Hunger leiden und dabei darf Deutschland nicht vergessen werden.

- **Welttag der Städte:** Das Ziel ist, die Aufmerksamkeit der Einwohner auf die Probleme ihrer eigenen Stadt zu lenken. Den gibt es seit 2014.

- **Internationaler Tag gegen Straflosigkeit für Verbrechen auf Journalisten:** Seit 2013 soll er die Aufmerksamkeit darauf lenken, dass keine Journalisten angegriffen werden dürfen, es ist strafbar.

- **Welttag für Tsunami Aufklärung:** Er soll das Bewusstsein für den Tsunami schärfen und Ansätze zur Risikominderung schaffen. Sie kommen sehr selten vor.

- **Welttag der Wissenschaft für Frieden und Entwicklung:** Seit 2011 ist es das Ziel, dass eine wichtige Rolle der Wissenschaft in der Gesellschaft spielt und die Notwendigkeit muss hervorgehoben werden. Die Öffentlichkeit soll in den Debatten über neue, wichtige, kulturelle und wissenschaftsrelevante Themen einbezogen werden.

- **Welttag der Philosophie:** Er soll die Aufmerksamkeit der Öffentlichkeit auf die Philosophie sowie philosophische Fragen als Disziplin lenken.

- **Welttoilettentag:** Dieser Tag trat 2011 in Kraft und die Menschen sensibilisieren, dass es mehr Sanitäranlagen im öffentlichen Raum geben muss.

- **Internationaler Tag der Banken:** Den gibt es deswegen, um auf das Potenzial von Entwicklungsbanken bei Finanzierung nachhaltiger

Entwicklung hinzuweisen. Es wird auf die Rolle der Bankensysteme bei Verbesserung der Lebensstandards aufgezeigt.

- **Weltbodentag:** Er soll auf die Bedeutung unsere Böden hinweisen. Unser Boden ist die Grundlage für unser Leben. Auf ihm wachsen Lebensmittel, speichert Regenwasser und ist ein Lebensraum für viele Tierarten.

- **Internationaler Tag des Gedenkens an die Opfer des Verbrechens, Völkermordes und ihrer Würde sowie der Verhütung dieses Verbrechens:** Dieser Tag wird allen Betroffenen sowie der Völkermordkonvention von 1948 gedacht. Zudem wird anvisiert, dass derartige Verbrechen beendet werden.

- **Internationaler Tag der allgemeinen Gesundheitsversorgung:** Er soll ein Bewusstsein schaffen, dass nicht alle Menschen Zugang zu medizinischen Versorgung haben.

- **Internationaler Tag der Neutralität:** Seit 2017 ist es das Ziel, darauf aufmerksam zu machen, dass eine Neutralitätspolitik den Einsatz präventiver Diplomatie fördert. Das öffentliche Bewusstsein für diesen Wert in internationalen Beziehungen soll gestärkt werden.

- **Internationaler Tag der arabischen Sprache:** Seit 2010 soll er zur Wetschätzung dieser Sprache und deren Kultur beitragen.

- **Internationaler Tag des Glücks (20.März):** Er soll daran erinnern, dass das Wohlergehen einer Person oder eines Landes nicht nur eine materielle Größe ist. Daher wird gezeigt, dass alle Menschen glücklich sein wollen. Dazu gibt es viele verschiedene Meinungen darüber, was uns Menschen glücklich macht.

- **Internationaler Tag der Familie (15.März):** Familien sind wichtig! Seit 1993 gibt es den Tag, um auf die Bedeutung der Familien für unsere Gesellschaft und für den Staat aufmerksam zu machen. Was wären wir ohne Familien, egal wie groß? Leider interessiert das die Jugendämter nicht. Zudem sollen familienbezogene Themen in das Bewusstsein der Menschen fördern und das Wissen über die sie betreffenden, sozialen, wirtschaftlichen und demografischen Prozesse erweitern. Die Familien sollen in ihrer Bedeutung gewürdigt werden sowie ihren Beitrag zur Gesellschaft anerkennen.

- **Internationaler Tag gegen Rassismus (21.März):** Seit 1966 soll er den Toten gedenken. Es wird darauf aufmerksam gemacht, dass es den Rassismus noch gibt. Alle sollen sich gegen den Rassismus stellen. Der Anlass dafür war der kritische Blick auf die letzten 12 Monate zu schauen und gleichzeitig eine Mahnung an alle Menschen zu senden.

- **Tag der Erde (22.April):** Es ist ein Aktionstag, der alle Menschen dazu bewegen soll, sich für die Umwelt und den Klimaschutz sowie einen nachhaltigen Lebensstil einzusetzen.

- **Tag der Minzschokolade:** Findet in den USA immer am 19. Februar statt. Man feiert die Minzschokoalde an sich. Es ist vom Foodblogger John-Bryan Hopkins.

- **Tag der Schwertschlucker:** Er findet jedes Jahr am letzten Samstag im Februar statt und wurde vom Präsidenten der Welt der Schwertschluckervereinigung

(SS AI) Dan Meyer initiiert. Es soll das Bewusstsein für die Künstler schaffen, welche ihr eigenes Leben riskieren, um das Publikum zu unterhalten.

- **Weltlachtag:** Am 01. Sonntag im Mai wird er begangen. Die Idee kommt aus der Yoga-Lachbewegung, die in über 6000 Lachclubs in mehr als 100 Ländern organisisert wird. Punkt 14:00 Uhr deutscher Zeit, wird in ganz Europa gemeinsam für 1 Minute gelacht.

- **Weltschildkrötentag:** Dieser findet jedes Jahr am 23, Mai statt. An diesem Aktionstag soll auf das Verschwinden vieler Schildkrötenarten (Population) aufmerksam gemacht werden. Seit dem Jahre 2000, will man auf die Bedürfnisse und die Gefährdung der Schildkröten hinweisen. Die Öffentlichkeit soll gestärkt werden, diese zu schützen.

- **Internationaler Inkontinenztag:** Da kaum darüber offen gesprochen wird, gibt es diesen Tag, der es ändern soll. Es gibt Veranstaltungen sowie Aufklärungskampagnen. Der Tag soll den Menschen dieses Thema in das Bewusstsein rücken und die Menschen, die an Inkontinenz leiden, sollen vor Diskriminierung und Ausgrenzung geschützt werden. Man darf diese Erkrankung (es gibt 2 Arten davon, Stuhlinkontinenz und Harninkontinenz auch Blasenschwäche genannt, ausgelöst durch verschiedene Faktoren) nicht in das lächerliche ziehen und die Menschen dafür auslachen. Aufgrund meiner eigenen Erfahrung mit dieser Erkrankung, kann ich nur anraten, mit den Menschen zu reden und zu helfen. Es ist wirklich nicht einfach damit, Leben zu müssen, wenn man zum Beispiel keinen zweiten Schließmuskel mehr hat, da dieser aufgrund einer Operation mit entfernt wurde. Man durchläuft eine Odyssee, die sich keiner vorstellen kann, da man von einer Klinik zur anderen Klinik hopst, in der Hoffnung es wird einem geholfen. Ich habe es mir angewöhnt, erst dann zu essen, wenn ich genau weiß, dass ich nicht mehr hinausgehen muss und unterwegs bin. Es schränkt einen ganz schön ein. Zudem gibt es leider keine Operationen mehr, die einem wirklich helfen. Stattdessen soll man sich die OP unterziehen, wo man mit einem Beutel herumlaufen muss, da die Krankenkassen die ganzen anderen Operationen und Mittel eingestellt haben, dank der Gesundheitsreform von Herrn Lauterbach. Sobald es wieder besser läuft, was ich hoffe, und die Krankenkassen wieder die anderen Operationen diesbezüglich zulassen, werde ich sie mitmachen. Bis dahin warte ich ab, denn so ein Beutel kann reißen, man hat sehr viel Aufwand mit der Pflege und das jedes Mal beim WC-Gang. Das werde und will ich mir nicht antun, egal wie schön die Ärzte es versuchen einem einzureden. Immer am 30. Juni wird er begangen.

Jetzt habt ihr alle einen Überblick, was die gesamten Welttage, interntionalen Tage sowie Gedenktage bedeuten. Insgesamt sind es 154 an der Zahl. Wenn man ganz genau hinschaut und sich dabei die Arbeit der Ampelregierung sowie ihre vorhergehenden Wahlversprechen durchgeht, dann fällt einem auf, dass sie auf der einen Seite davon reden und auf der anderen Seite das blanke Gegenteil machen.

Es stellt sich nun mehr die Frage, worin sich die Tage im Einzelnen unterscheiden. Hierzu will ich euch ebenfalls aufklären.

Der Unterschied zwischen Gedenktag, Welttag und Internationaler Tag

Gedenktag: An diesem Tag wird zum Beispiel an verstorbene Persönlichkeiten gedacht oder an ein ganz besonderes Ereignis.

Dieser Tag wird jedes Jahr auf ein neues begangen. Darunter gibt es noch den nationalen Gedenktag. Er soll in einer Gruppe oder dem Volk identitätsstiftend wirken. Zudem wird er auch an dem Ort begangen, wo das historische Ereignis oder ein dramatisches Ereignis stattgefunden hat. Solche Ereignisse sind Krieg, Katastrophen und Verträge.

Welttag: Dieser Tag wird auf dem ganzen Erdball begangen. Er erinnert an internationale Themen und aktuelle Weltprobleme. Den Welttag gibt es noch nicht lange und ist sehr neu.

Internationaler Tag: Er hat keinen Unterschied zum Welttag, da er dasselbige ist wie der Welttag. Es wird nur noch so benannt, da es sonst langweilig wird.

Zum Schluss noch eine Rätselaufgabe!

1) Wieviele Gedenktage, Welttage und Internationale Tage werden von der Ampelregierung nicht wahrgenommen?

2) Wie heißen diese Tage?

3) Was hat sich die Ampelregierung alles auf die Fahne geschrieben vor der Bundestagswahl und hält sich seitdem nicht daran?

Auf der letzten Seite findet ihr meine E-Mail-Adresse, unter dieser sendet ihr mir bitte eure Antworten. Dazu könnt ihr mir gerne auch eure Meinung schreiben ! Ich freue mich schon jetzt auf eure Zuschriften! Antwort kommt innerhalb von 24 Stunden!

Ich wünsche euch viel Spaß beim Rätseln und entdecken der gesamten Gedenktage, Welttage und internationalen Tagen.

<u>In eigener Sache</u>

Ich bin erfahrene Familienberaterin und biete eine

problemlösende Beratung aus der Betroffenenperspektive in Erfurt an. Meine Beratungen liegen hauptsächlich bei Problemen mit dem Jugendamt /Kindererziehung/ Kinderwunsch. Gerne berate ich auch, wenn es andere familiäre Probleme gibt. Ich helfe und unterstütze in allen Fragen, begleite zum Gericht oder anderweitig, wenn es den Wunsch gibt. Innerhalb von 24 Stunden ist eine Antwort garantiert! Ihr könnt online einen Termin buchen oder gerne auch per Mail und Telefon. Es sind alle Familien willkommen und ich lasse keine im Stich oder alleine! Kinder müssen bei den Eltern bleiben und nicht in Heime, Einrichtungen oder Pflegefamilien kommen, nur weil das Jugendamt von anderen Personen den Verleumdungen glaubt. Daher habe ich mir zur Aufgabe gemacht, zu helfen und zu unterstützen und alles zu tun, was in meiner Macht steht, damit es Familien und besonders den Kindern gut geht! Ich biete kostengünstige Paketpreise oder kostengünstige Einzelpreise an!

Ich freue mich, wenn ihr einen Termin mit mir vereinbart und ich helfen und unterstützen kann! Auf der letzten Seite findet ihr meine Daten.

Impressum

Erfahrene Familienberaterin

problemlösende Beratung aus der Betroffenenperspektive

Jugendamt/Kindererziehung/Kinderwunsch

Dietzmann Inken

Bebelstraße 40

99086 Erfurt

E-Mail: dietzmanninken18@gmail.com

Homepage: erfahrenefamilienberaterin-erfurt.de